Recorre el mundo de los DINOSAURIOS

LIBSA

© 2023, Editorial Libsa
C/ Puerto de Navacerrada, 88
28935 Móstoles (Madrid)
Tel.: (34) 91 657 25 80
e-mail: libsa@libsa.es
www.libsa.es

ISBN: 978-84-662-4260-8

Textos: Belén Martul
Edición: Equipo editorial Libsa
Diseño de cubierta: Equipo de diseño Libsa
Maquetación: Roberto Menéndez - Diseminando Diseño Editorial
Ilustración: Diego Vaisberg · Collaborate Agency
Fotografías: Shutterstock Images, Gettyimages, FreePik

Queda prohibida, salvo excepción prevista en la ley, cualquier forma de reproducción, distribución, comunicación pública y transformación de esta obra sin contar con autorización de los titulares de la propiedad intelectual. La infracción de los derechos mencionados puede ser constitutiva de delito contra la propiedad intelectual (arts. 270 y ss. Código Penal). El Centro Español de Derechos Reprográficos vela por el respeto de los citados derechos.

DL: M-29934-2022

Introducción

Los dinosaurios han despertado la curiosidad de muchos desde que se descubrió su existencia. Todo lo relacionado con ellos representa un mundo muy atractivo del que cada día tenemos más información gracias al estudio de los fósiles y al avance de la tecnología. Han sido protagonistas de muchos libros y películas que han logrado aumentar su fama y hacerlos más populares.

Cuando piensas en los dinosaurios, ¿qué imagen se forma en tu mente? ¿Sabes cuándo aparecieron sobre la Tierra? ¿Cuánto tiempo vivieron antes de extinguirse? En este libro vas a conocer los aspectos más interesantes que rodearon su existencia: en qué momento aparecieron, cómo era la Tierra en esa época, cómo era su clima, qué plantas y animales existían entonces, cómo evolucionaron, qué armas utilizaban para defenderse y cuáles fueron las claves de su éxito para ejercer su dominio durante casi 160 millones de años antes de su extinción definitiva.

Descubrirás también algunos secretos de los dinosaurios más famosos como el Diplodocus, el Stegosaurus, el Archaeopteryx, el Tyrannosaurus rex, el Triceratops, el Velociraptor o el Ankylosaurus, entre otros. Podrás comprobar que eran muy diferentes, tanto por su tamaño, pues no todos eran gigantes, como por su tipo de alimentación, ya que había tanto carnívoros como herbívoros.

¿Quieres poner a prueba cuánto sabes de los dinosaurios? ¿Te gustaría descubrir algunos de sus secretos?

¡No te quedes con la curiosidad y empieza a disfrutar de la lectura!

Cuándo aparecieron los dinosaurios sobre la Tierra

Desde que se formó la Tierra hace 4600 millones de años, muchos son los acontecimientos que han tenido lugar en ella y que han provocado cambios en su geografía, clima, flora y fauna.

CÁMBRICO — ORDOVÍCICO

TRIÁSICO — PÉRMICO

1 La vida antes de los dinosaurios

En la **primera era** de la Tierra (**Protezoica**), que va desde su origen a unos 540 millones de años atrás, nuestro planeta sufrió cambios drásticos durante su formación. Se cree que la vida surgió hace unos 3 800 millones de años en el agua. El mar se pobló por organismos unicelulares como algunas algas y organismos pluricelulares como las medusas. En una **segunda era**, la **Paleozoica**, que se extendió hasta los 252 millones de años (desde el periodo Cámbrico hasta el Pérmico), hubo una explosión de vida: trilobites, lampreas, peces con mandíbulas, cefalópodos, insectos, anfibios y reptiles fueron apareciendo, junto con una cubierta de vegetación, sobre la superficie terrestre.

JURÁSICO — CRETÁCICO

PERIODOS →

2 Mesozoico: la era de los dinosaurios

El **Mesozoico** es la **tercera era** de la Tierra, que se extendió desde los 252 a los 66 millones de años de años atrás. ¡La gran era de los dinosaurios! Hubo tres periodos: el **Triásico**, que duró unos 50 millones de años y en el que aparecieron pequeños mamíferos y los primeros dinosaurios; el **Jurásico**, desde los 200 a los 145 millones de años, tiempo en el que los dinosaurios de grandes dimensiones vivieron su etapa dorada; y el **Cretácico**, que se extendió hasta hace 66 millones de años y en el que surgieron las plantas con flores. Los dinosaurios siguieron evolucionando hasta que se extinguieron al final de este periodo.

SILÚRICO

CARBONÍFERO | DEVÓNICO

3 Y después de los dinosaurios... ¿qué?

A pesar de la gran extinción de los dinosaurios la vida sobre la Tierra siguió (desde el periodo Paleógeno hasta el Cuaternario) adelante en una cuarta era, la **Cenozoica**, que empezó después de la desaparición de estos gigantes y se extiende hasta nuestros días. Si viéramos todos estos años a mucha velocidad comprobaríamos cómo los mamíferos fueron evolucionando hasta formas parecidas a las actuales, presenciaríamos una gran glaciación y veríamos aparecer, no hace más de dos millones de años, al ser humano sobre la Tierra.

PALEÓGENO | NEÓGENO | CUATERNARIO

PERIODOS →

5

¿Qué es un dinosaurio?

Son famosos en la cultura popular y todo lo que les rodea ha creado un mundo fascinante y atractivo seguido por jóvenes y adultos. Su éxito evolutivo, que les llevó a dominar la Tierra durante casi 160 millones de años, su aspecto peligroso y el tamaño impresionante de algunos de ellos no suelen dejar indiferente a nadie. ¿Qué les caracteriza?

«Lagarto terrible»

En 1842, Richard Owen inventó el término «dinosaurio» para designar a este grupo de animales. Literalmente significa **«lagarto terrible»**. Es cierto que poco tenían que ver con los actuales reptiles y lagartos, pero su aspecto resultaba similar y de ahí surgió el nombre.

Esqueleto

Los dinosaurios eran **animales vertebrados**, es decir, un esqueleto óseo sostenía su cuerpo. Todos sus huesos estaban unidos a su columna vertebral.

¿Alguien los ha visto?

Nadie ha visto jamás un dinosaurio. Todo lo que sabemos de ellos es a través del estudio de sus fósiles.

Patas bajo el cuerpo

Una de sus características principales es la articulación de la cadera, ya que las **patas** estaban situadas **debajo del cuerpo** y no hacia los costados como en los reptiles actuales.

Tamaños variados

Cuando pensamos en dinosaurios acuden a nuestra mente animales gigantescos, pero la realidad es que los **tamaños** de estos animales eran **muy variados**. Podían medir unos pocos centímetros o alcanzar longitudes y alturas de varios metros; tales eran las diferencias que se podían observar entre los diferentes géneros.

¿Cuánto vivían?

La **vida** de los dinosaurios era **muy larga**, aunque dependía de la especie y del tamaño. Por lo general, los más grandes vivían más tiempo. Se estima que podían vivir entre 50 y 100 años, ¡siempre que lograsen esquivar a sus enemigos!

Origen de los dinosaurios

El mundo de los dinosaurios lleva muchos años despertando interés. Estas criaturas fantásticas que habitaron la Tierra, que provocan temor y atracción a partes iguales y que están rodeadas de tanto misterio, incluida su desaparición, ¿de dónde vienen? ¿Cómo lograron dominar el planeta?

La Tierra empieza a retumbar

Viajamos al **final del Pérmico**, hace unos 252 millones de años. Por un planeta imposible de reconocer por nosotros se movían **reptiles enormes** con las patas en los laterales del tronco, como salamandras. Y la Tierra empezó a retumbar, se abrieron grietas de varios kilómetros de longitud que vomitaron **lava** durante siglos. Toneladas de **cenizas** y **dióxido de carbono** se liberaron en la atmósfera y afectaron al clima de todo el planeta provocando un efecto invernadero.

Anfibios

Animales pluricelulares

Peces óseos

Peces acorazados

Organismos unicelulares

Trilobites

Una extinción masiva de especies

El calentamiento del planeta y la acidificación extrema del océano produjo un agotamiento de oxígeno a gran escala que desembocó en la **«gran muerte»**. Tres cuartas partes de las especies terrestres y un 95 % de todas las del océano desaparecieron. La vida en la Tierra estuvo a punto de extinguirse.

Hay vida después de la catástrofe

A **comienzos del Triásico** la vida se limitaba a apenas unos lagartos y pequeños mamíferos que pudieron esconderse y vivir bajo tierra. Tuvieron que pasar millones de años para que algunas especies volvieran a salir a la superficie. Tras la catástrofe surgió un nuevo grupo de reptiles de posición erguida, con las patas bajo el cuerpo: eran los **arcosaurios**. Esta posición de las extremidades les permitió correr más deprisa, recorrer distancias más largas y perseguir mejor a sus presas.

Empieza un nuevo reinado

La **catástrofe** vital de finales del Pérmico dejó un terreno despejado para que toda clase de especies pudieran evolucionar durante los 50 millones de años que duró el Triásico. Los **arcosaurios** no tardaron en **diversificarse** en **numerosas especies**.

Dinosaurios

Reptiles

Tecodontos

De una de sus líneas evolutivas surgen hace 246 millones de años los **dinosauromorfos**, que eran ya casi dinosaurios. Corrían sobre dos patas y cazaban con sus garras. Entre 240 y 230 millones de años atrás aparecen los **primeros dinosaurios**, que se acabaron haciendo con el control y el dominio del mundo hasta la llegada de un **nuevo cataclismo** millones de años después, **a finales del Cretácico**.

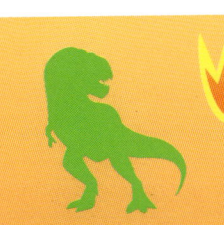

SILÚRICO · TRIÁSICO · JURÁSICO · CRETÁCICO · CUATERNARIO

PERIODOS

Clases de dinosaurios

Actualmente ya se han clasificado 700 especies de dinosaurios, pero seguramente se podrán describir más. Se observan muchas diferencias en sus tamaños, tipo de alimentación, dentadura, pero también en sus esqueletos. La forma de la pelvis y su orientación hacia la cola o hacia las patas permite hacer una primera clasificación en dos grandes grupos.

ORNITÓPODOS

NEORNITISQUIOS

TIREÓFOROS

Ornitisquios

Grupos de dinosaurios

La distinción más importante que se ha observado entre los dinosaurios obedece a la **forma** en la que se proyectaba su **cadera**. Partiendo de esta característica se han dividido tradicionalmente en dos grandes grupos: **ornitisquios** y **saurisquios**.

Ornitisquios

Presentaban lo que se llama **«pelvis de ave»**, en la que los huesos apuntaban hacia la cola. Todos eran herbívoros. Se divide a su vez en tres grandes grupos: **tireóforos**, que agrupa a dinosaurios acorazados como *Stegosaurus* y *Ankylosaurus*, **neornitisquios**, que incluye a *Triceratops* y *Protoceratops*, y a **ornitópodos**, como *Iguanodon* y *Corythosaurus*. Según se amplía la información, todas estas clasificaciones van detallándose más.

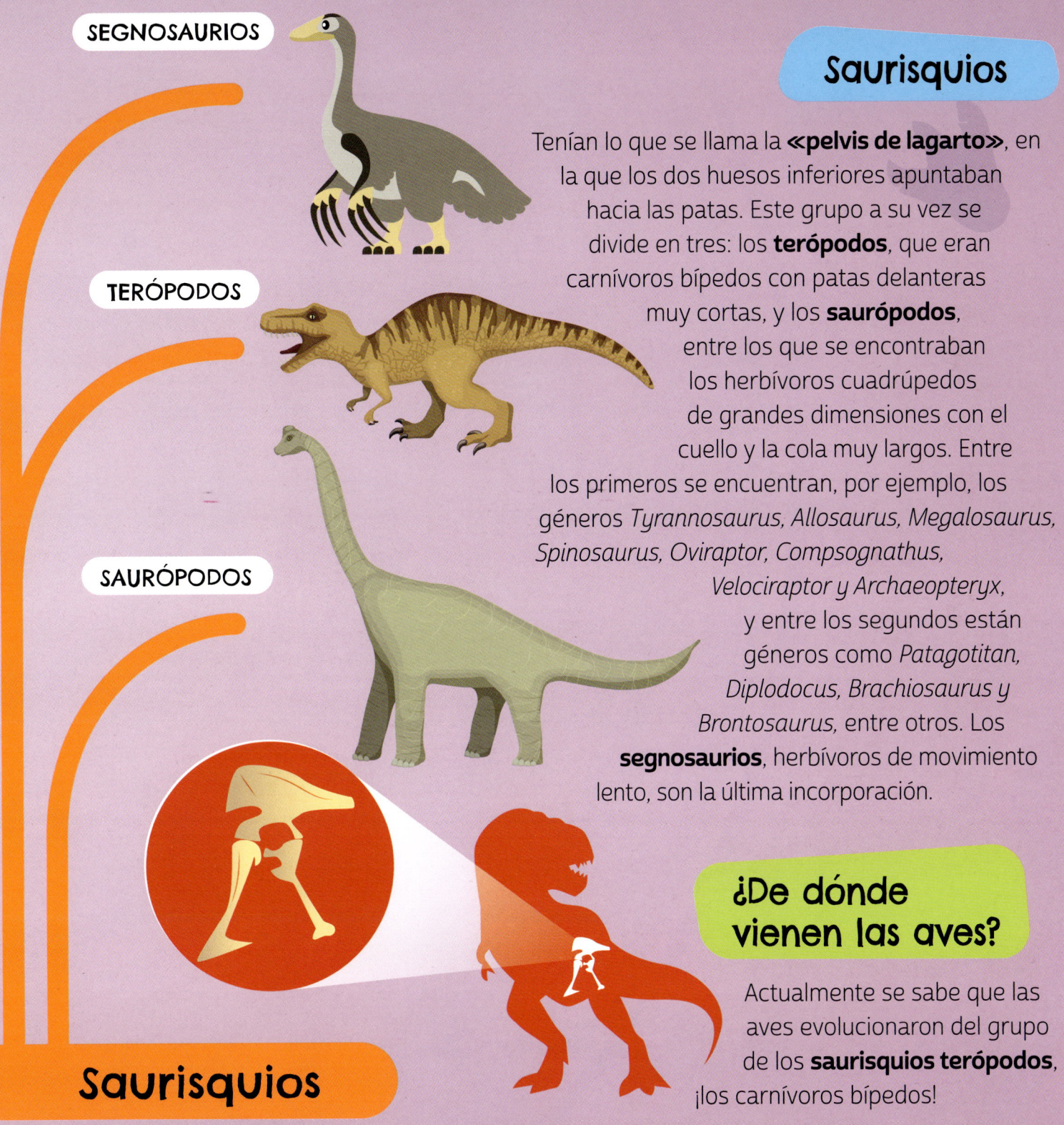

SEGNOSAURIOS

Saurisquios

Tenían lo que se llama la **«pelvis de lagarto»**, en la que los dos huesos inferiores apuntaban hacia las patas. Este grupo a su vez se divide en tres: los **terópodos**, que eran carnívoros bípedos con patas delanteras muy cortas, y los **saurópodos**, entre los que se encontraban los herbívoros cuadrúpedos de grandes dimensiones con el cuello y la cola muy largos. Entre los primeros se encuentran, por ejemplo, los géneros *Tyrannosaurus, Allosaurus, Megalosaurus, Spinosaurus, Oviraptor, Compsognathus, Velociraptor* y *Archaeopteryx*, y entre los segundos están géneros como *Patagotitan, Diplodocus, Brachiosaurus* y *Brontosaurus*, entre otros. Los **segnosaurios**, herbívoros de movimiento lento, son la última incorporación.

TERÓPODOS

SAURÓPODOS

¿De dónde vienen las aves?

Actualmente se sabe que las aves evolucionaron del grupo de los **saurisquios terópodos**, ¡los carnívoros bípedos!

Saurisquios

¡Qué rasgos tan llamativos!

Muchas son las características de los dinosaurios que llaman nuestra atención. El gran tamaño de sus cuerpos, la forma de sus cabezas, las crestas, los cuernos, los cuellos, los escudos sobre su cuerpo, las mandíbulas, las garras, la forma y longitud de sus colas... una colección de rasgos y especies fascinantes.

BRONTOSAURUS

¡Vaya cuellos!

Los **grandes herbívoros** del Jurásico tenían **largos cuellos** con los que alcanzaban las copas más altas de los árboles para alimentarse. Por la forma de sus vértebras se cree que eran muy flexibles y podrían utilizarlos también para defenderse. El *Brachiosaurus,* el *Diplodocus,* o el *Brontosaurus* son algunos de sus representantes.

Escudos de guerrero y colas poderosas

La **doble hilera de placas óseas** sobre la dorsal del *Stegosaurus* o la coraza ósea coronada de espinas del *Ankylosaurus* impresionan. Si a eso se unen unas **colas armadas** como sables o maza, respectivamente, ¡mejor salir huyendo!

STEGOSAURUS

CORYTHOSAURUS

Crestas para todos los gustos

Vistosas protuberancias en la **parte alta de la cabeza** fueron señas de identidad del herbívoro *Corythosaurus*, que utilizaba esta cresta, resultado de la prolongación de los huesos de la nariz, para emitir sonidos audibles a grandes distancias, o del *Parasaurolophus*, otro herbívoro del Cretácico conocido por el tubo que se proyecta hacia atrás y arriba en el cráneo en una **elaborada cresta** que identifica este género.

Cabezas y cuernos que asustan

El *Protoceratops* era más bien pequeño, no más grande que un cerdo, pero tenía una **cabeza enorme** con una gran **gola en el cuello** que le servía para protegerse y sujetar los músculos de sus poderosas mandíbulas. En el caso del *Pentaceratops*, su cabeza no podía estar más armada. Poseía un cuerno corto sobre la nariz, otros largos en la frente y una serie de cuernos triangulares por todo el borde del magnífico volante que rodeaba su cráneo. Ambos vivieron en el Cretácico.

PENTACERATOPS

Huevos de dinosaurio

Los dinosaurios ponían huevos, como los reptiles y las aves que conoces. Han pasado millones de años, pero lo sabemos gracias a que se han encontrado algunos nidos con restos fósiles de sus huevos. Los hay de diferentes formas, tamaños y tipos de cáscara.

Primeros huevos

Los **primeros huevos** de dinosaurio **fósiles** se identificaron en **1923**, en Mongolia. Desde entonces se han encontrado varios nidos por todo el mundo, algunos con restos del embrión que contenían, aunque esto suele ser más difícil. Se ha buscado un modo de poder clasificarlos analizando las propiedades de su cáscara.

Sabías que...

En China se ha encontrado un huevo de dinosaurio con el **embrión ya formado** en su interior, y en la misma posición en la que se colocan las crías de ave en la actualidad.

Variedad de formas y tamaños

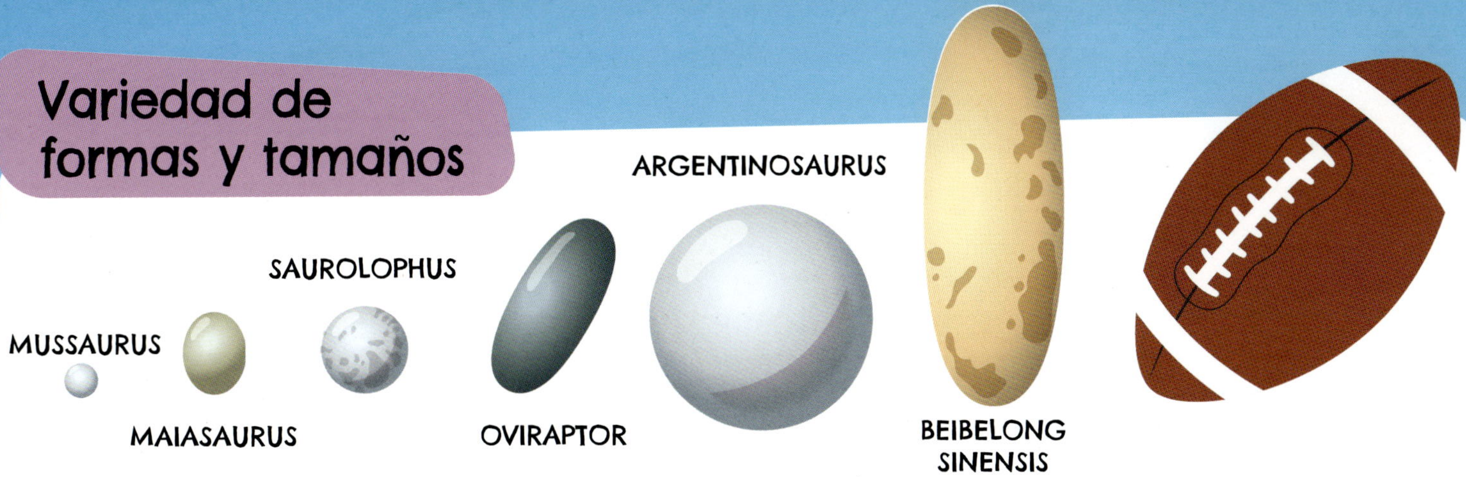

MUSSAURUS
MAIASAURUS
SAUROLOPHUS
OVIRAPTOR
ARGENTINOSAURUS
BEIBELONG SINENSIS

Puede que te sorprenda saber que los huevos de dinosaurio no eran especialmente grandes. Si hubieran sido proporcionales a los tamaños de los adultos las cáscaras habrían sido tan gruesas que les hubieran impedido vivir en su interior. Los hay de **diferentes formas** y **tamaños** según la especie. Pueden ser ovales y alargados o con formas casi esféricas. Los de mayor tamaño son un poco más pequeños que una pelota de rugby.

En tierra o en nidos

En muchas ocasiones los huevos se ponían directamente **en el suelo,** pero también se han encontrado **restos de nidos,** incluso varios juntos, una señal de que se buscaba una protección extra en el cuidado y en la supervivencia de las crías.

El secreto está en la cáscara

Uno de los **éxitos de los dinosaurios** para conquistar el medio terrestre fueron sus **huevos**. La **cáscara dura** daba protección a las crías en el interior, y conservaba un líquido en el que los embriones podían desarrollarse. Se cree que la cáscara empezó siendo más blanda en las primeras especies y poco a poco se fue endureciendo en el transcurso de la evolución. Los huevos de dinosaurio se clasifican según el grosor de su cáscara y la forma de los cristales que se forman en su superficie. Son, sin duda, un tesoro de la vida.

La Tierra en la época de los dinosaurios

Triásico: hay un inmenso continente

En los inicios del **Triásico**, hace unos 252 millones de años, las tierras que habían emergido en periodos anteriores estaban reunidas en un **solo e inmenso continente**. Su nombre era **Pangea**, iba desde el Polo Norte al Polo Sur y estaba rodeado por un único océano, el Tetis.

PANGEA
OCÉANO TETIS
HACE 252 MILLONES DE AÑOS

Jurásico: el continente empieza a separarse

A comienzos del **Jurásico**, hace unos 200 millones de años, la Tierra había vuelto a cambiar. Los movimientos de la corteza terrestre **habían dividido el gran continente** en dos: **Laurasia**, situado en el norte, y **Gondwana**, en el sur. De la parte sur empezó a separarse la India y un bloque con las futuras Antártida y Australia.

LAURASIA
GONDWANA
HACE 200 MILLONES DE AÑOS

La Tierra no ha tenido siempre el mismo aspecto. Desde que se formó hace unos 4600 millones de años ha cambiado mucho. La separación en continentes tal y como los conocemos actualmente fue un proceso que llevó millones de años. ¿Cómo era el planeta cuando los dinosaurios vivieron en él?

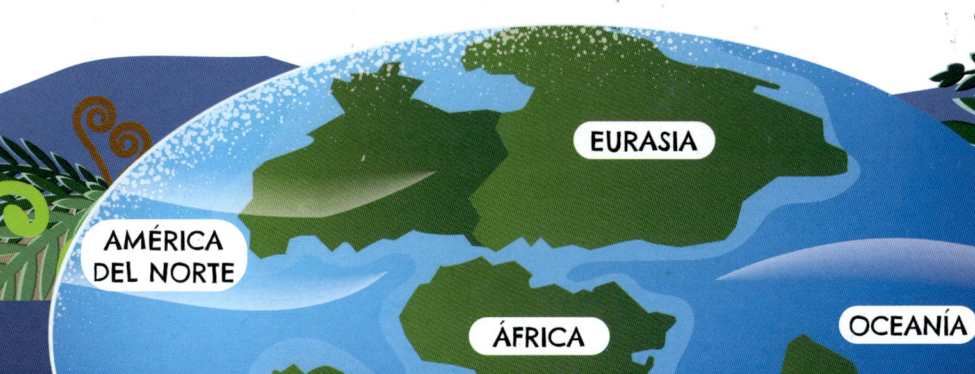

HACE 140 MILLONES DE AÑOS

LA TIERRA HOY

Cretácico: cada vez hay más continentes

El **Cretácico** duró desde los 140 a los 66 millones de años. Fue el último periodo en el que vivieron los dinosaurios sobre la Tierra. En esta época la forma de los **continentes** fue acercándose más a la **actual**. Laurasia se abrió creando los bloques continentales euroasiático y norteamericano. El océano Tetis siguió extendiéndose por la costa de Gondwana hasta separar África y América del Sur. La Antártida ya ocupaba su posición actual. Así era la forma de la Tierra cuando los últimos **dinosaurios se extinguieron**.

Pangea Última

Dentro de 250 millones de años, todos los **continentes** que **hoy** conocemos se habrán fusionado en una **única gigantesca masa de tierra**, Pangea Última, rodeada de un océano que ocupará el resto del globo. ¡Los continentes no dejan de moverse!

Un clima y una flora diferentes

Durante varios millones de años los dinosaurios dominaron la Tierra. A lo largo de esta era los cambios en el clima y en la flora del planeta fueron grandes. En el inicio todos los continentes estaban unidos, con lo que los vientos del océano no llegaban a regiones interiores donde el clima era más seco. Pero todo esto fue cambiando...

2 Tormentas tropicales en el Jurásico

El **continente empezó a separarse**, cesó la actividad volcánica casi por completo, aumentaron las lluvias, se redujeron las zonas desérticas y el **clima** se hizo **más húmedo**, aunque seguía siendo caluroso. Los bosques de coníferas continuaron extendiéndose, así como los helechos arbóreos, las cicadinas y los gingkos y crecieron árboles gigantes como las secuoyas. Hubo una **explosión** de **fauna** tanto en el mar como en la tierra, donde los dinosaurios adquirieron tamaños gigantescos y se adaptaron completamente a este nuevo hábitat que lograron dominar.

1 Sequías en el Triásico

La **Tierra** era un **solo continente unido**. No había cordilleras muy elevadas ni mares que atravesar, así que los primeros arcosaurios y los dinosaurios que aparecieron a finales de este periodo se extendieron por toda la superficie terrestre. Las **altas temperaturas** dominaron esta época. En el interior había amplias zonas desérticas mientras que en los límites cercanos al océano se encontraban zonas pantanosas y boscosas de clima tropical. Abundaban las coníferas y los helechos arbóreos.

3 Una Tierra más fría en el Cretácico

El clima seguía siendo cálido y húmedo como en el periodo anterior, aunque empieza a haber cada vez **más diferencias entre las estaciones** sin llegar a hacer mucho frío, ¡hasta en los polos crecían plantas tropicales! Los **desplazamientos** de los **continentes** y la actividad volcánica originan el nacimiento de grandes montañas, como los Andes. En cuanto a la flora lo más significativo fue la aparición de las **flores** y la proliferación de **insectos polinizadores** como las mariposas o las abejas. Aunque los mamíferos poco a poco van desarrollándose, los dinosaurios siguen evolucionando, se hacen más fuertes y reinan sobre la Tierra.

Megalosaurus:
descubrimos el primer dinosaurio

Tiene el honor de ser el primer dinosaurio en haber sido identificado con criterios científicos. Le llamaron «lagarto enorme», porque con sus más de 9 m estaba entre los carnívoros más grandes conocidos. Este título de «más grande» lo perdió con el paso de los años, pero nadie le quita la fama de haber sido el primero en despertar nuestra curiosidad por este mundo fascinante de los dinosaurios.

Un dinosaurio se presenta

A lo largo de los años se habían encontrado **huesos extremadamente grandes** que no se sabía a qué animal podían pertenecer. Por primera vez, en **1824**, se describió científicamente **el primer dinosaurio**, al que se le dio el nombre de *Megalosaurus* haciendo referencia a su gran tamaño. Aunque en un principio se mezclaron diferentes especies bajo este género, poco a poco se han ido revisando y clasificando correctamente. Esta primera presentación de un dinosaurio sentó las **bases** para poder **clasificar** posteriormente muchos otros géneros.

Un tamaño nunca visto

Vivió hace aproximadamente **166 millones de años**, a mediados del Jurásico, en lo que hoy es Europa. Medía alrededor de 9 m de longitud, 3 m de altura y pesaba casi una tonelada. Todo parece indicar que presentaba un cuello corto y flexible que sostenía una cabeza grande. Su estructura ósea estaba perfectamente equilibrada para la carrera. Hasta ese momento no se había descrito científicamente un animal que pudiera tener esas medidas, por eso se convirtió en el **carnívoro más grande conocido** y despertó la pasión por el mundo de los dinosaurios.

DINODATOS

MEGALOSAURUS

Posible hábitat: Bosques
Alimentación: Carnívoro
Vivió... hace 166 millones de años, en el Jurásico medio
Significado del nombre: Lagarto grande

La huella del Megalosaurus

Se han encontrado restos fósiles de sus **huellas** que muestran **tres dedos abiertos**. Caminaba sobre dos patas y los miembros posteriores eran largos y fuertes, y apoyaban el peso hacia delante en estos dedos. Millones de años después, las huellas del *Megalosaurus* abrieron nuevos caminos hacia el pasado.

Patagotitan mayorum:
el más grande

En el 2013 se hallaron restos fósiles de varios ejemplares en el centro de la Patagonia argentina y en 2017 se le puso nombre a la especie. Vivió hace unos 101 millones de años, a mediados del Cretácico. Los investigadores afirmaron que era el animal descubierto más grande de todos los tiempos. ¿Cuáles eran las medidas de este titanosaurio?

El dinosaurio más grande… por ahora

Casi 40 m de longitud, 70 toneladas de peso y puede que 20 m de altura cuando estiraba el cuello. Es decir, unos dos camiones con remolque de largo, el peso de casi 14 elefantes africanos y la altura de un edificio de siete pisos. No en vano se le describe como el **animal más grande conocido** que caminó sobre la Tierra. Desde luego tiene unas medidas espectaculares. ¿Cuánto tiempo le durará el título de «el más grande»?

DINODATOS

PATAGOTITAN

Posible hábitat: Llanuras y bosques
Alimentación: Herbívoro
Vivió… hace 101-95 millones de años, en el Cretácico
Significado del nombre: Titán de la Patagonia

Caminar con el cuello paralelo al suelo

Lo que resultó distintivo de este hallazgo es el perfecto estado de conservación de las abundantes piezas encontradas de seis ejemplares jóvenes. Las **vértebras** desenterradas eran **gigantes**: según los investigadores parecían la estructura de acero de algunos edificios. Las patas delanteras eran más cortas que las posteriores y se cree que, con estas medidas, llevar el **cuello en posición horizontal** supondría una ventaja, pues no era tan importante alcanzar las ramas más altas, sino cubrir una zona amplia de alimentación sin tener que mover mucho el cuerpo, ¡una tarea que no debía ser fácil!

Misterios sin resolver

Todavía hay misterios que no tienen respuesta. Uno de ellos es el **cráneo**, que no se ha hallado hasta la fecha. El otro misterio es qué ocurrió para que en ese lugar aparecieran **tantos ejemplares en diferentes niveles,** por qué murieron allí con diferencia de varios años. Faltan capítulos por escribir en la historia de este gigante.

Sabías que...

El *Patagotitan* está en los **límites** del **desarrollo terrestre:** un animal más grande seguramente no podría andar por el peso y la gravedad.

23

Tyrannosaurus rex:
el rey de los dinosaurios

Es uno de los carnívoros más grandes y feroces y también uno de los más conocidos y temidos. Su impresionante silueta y su poderosa mandíbula son un icono que forma parte ya de la cultura popular.

Primeros restos descubiertos

En **1905** Henry Fairfield Osborn **describió esta especie** para la ciencia. En 1874 se habían localizado algunos dientes y en 1892 se descubrió parte de una vértebra. Todos los restos encontrados hasta la fecha se han localizado en **América del Norte**. Se cree que vivió allí hace unos 66 millones de años, al **final del Cretácico**.

Dimensiones dignas de película

Medía de 10 a 14 m de largo, unos 4 o 5 m de altura y pesaba entre 4 y 9 toneladas, más que un elefante. Su cráneo podía llegar a tener 1,5 m de largo y el cuello era grueso y musculoso para soportar esta **gran cabeza**. Era bípedo y los dos miembros superiores, relativamente pequeños, terminaban en dos dedos con **garras**. Los miembros posteriores eran largos y fuertes. Una **cola poderosa** equilibraba este impresionante cuerpo. ¡Seguro que has visto este personaje en varias películas!

DINODATOS
TYRANNOSAURUS

Posible hábitat: Bosques templados, llanuras aluviales y planicies áridas
Alimentación: Carnívoro
Vivió... hace entre 68 y 66 millones de años, en el Cretácico superior
Significado del nombre: Lagarto tirano

Feroz depredador

Pocos eran sus rivales. Se lanzaba sobre sus presas a las que aferraba con sus **poderosas mandíbulas**, que tenían la fuerza suficiente como para devorar a su víctima de un solo bocado. Sus **dientes** medían unos 19 cm, estaban curvados hacia atrás y eran **afilados como dagas**, más juntos en la parte delantera y más espaciados y menos afilados en la parte trasera de la mandíbula inferior. Hay muchas opiniones acerca de la velocidad que el *Tyrannosaurus* podía alcanzar, aunque se piensa que sería cerca de los 18 km/h.

Spinosaurus:
un carnívoro de grandes dimensiones

Vivió en el norte de África durante el Cretácico, hace unos 100 millones de años. Fue el dinosaurio carnívoro más grande que ha existido y se caracteriza por su cráneo alargado, similar al de un cocodrilo moderno, y por su gran aleta dorsal.

Un carnívoro más grande que el Tyrannosaurus

Se estima que pudo tener un tamaño entre los 12 y los 18 m de longitud, una altura cercana a los 7 m y un peso en torno a las 7 toneladas. Su cráneo medía entre 1,5 y 1,75 m, similar a la altura de una persona. Las **extremidades anteriores** eran **grandes**, **fuertes** y terminaban en tres dedos. Quizá no tenía la estructura tan robusta del *Tyrannosaurus rex*, ¡pero **le ganaba en tamaño**!

Una vela dorsal de espinas

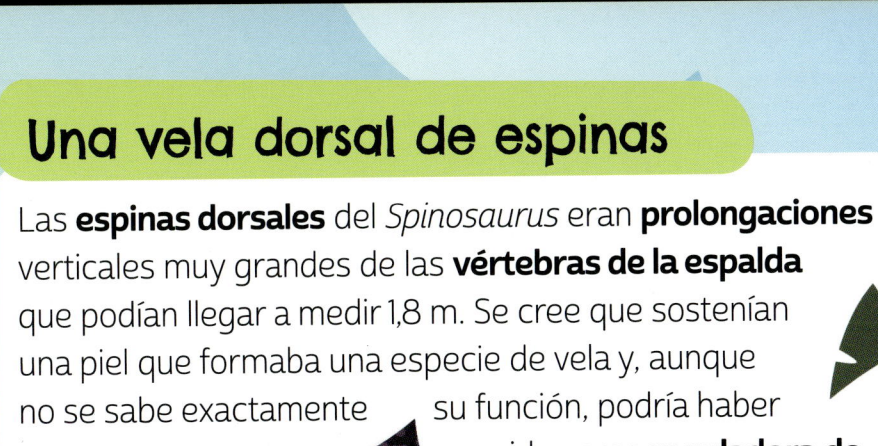

Las **espinas dorsales** del *Spinosaurus* eran **prolongaciones** verticales muy grandes de las **vértebras de la espalda** que podían llegar a medir 1,8 m. Se cree que sostenían una piel que formaba una especie de vela y, aunque no se sabe exactamente su función, podría haber servido como **reguladora de la temperatura** corporal, bien recogiendo los rayos de sol para calentar la sangre o bien disipando el calor. En cualquier caso, seguro que impresionaba a sus enemigos.

DINODATOS

SPINOSAURUS

Posible hábitat: Ríos y pantanos
Alimentación: Carnívoro
Vivió… hace entre 99 y 93,5 millones de años, en el Cretácico superior
Significado del nombre: Lagarto con espina

Un todoterreno

Vivía en **ambientes húmedos**, de abundante vegetación y cerca del agua. Cazaba tanto presas terrestres como acuáticas. Se movía por **tierra**, pero también en **agua**, como los cocodrilos actuales. Su cola larga y estrecha tenía una forma similar a una paleta, lo que podría haberle ayudado a desplazarse en ríos o pantanos. Seguro que las investigaciones nos sorprenderán con nuevos datos del *Spinosaurus* en el futuro.

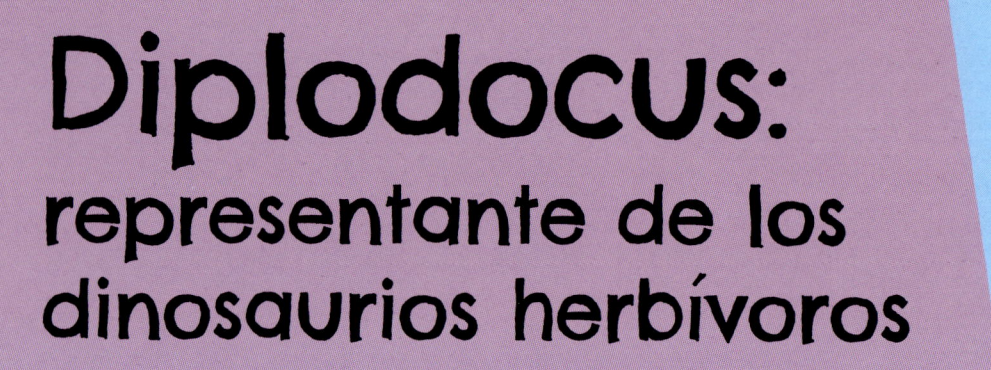

Diplodocus:
representante de los dinosaurios herbívoros

Vivió a finales del Jurásico, hace unos 150 millones de años. Se han encontrado muchos restos de este famoso y gigantesco herbívoro de cuello largo y cola de látigo. Su estructura se ha comparado con un puente colgante, cuyas patas son los extremos y la inmensa espina dorsal el cuerpo central.

Un gigante herbívoro

Podía medir hasta 35 m de longitud, 6,5 m de alto y pesar entre 10 y 16 toneladas. Su **cabeza pequeña** le permitía, si era necesario, rebuscar entre la vegetación de los árboles más altos para alimentarse. La **boca no era muy grande** y sus dientes tampoco, aunque afilados y curvados a modo de gancho. Sus cuatro **patas** eran **fuertes y robustas** como columnas y terminaban en dedos cortos y cilíndricos. Los miembros delanteros eran ligeramente más cortos que los traseros.

DINODATOS

DIPLODOCUS

Posible hábitat: Llanuras y praderas de helechos
Alimentación: Herbívoro
Vivió... hace entre 154 y 144 millones de años, en el Jurásico superior
Significado del nombre: Doble viga

Un cuello fuera de lo común

El **cuello** estaba formado por unas **15 vértebras muy fuertes y ligeras** y, a pesar de sus casi 7,5 m de longitud, era **vigoroso y flexible**, lo que le permitía moverlo con facilidad en un ángulo no superior a los 30 grados por encima del eje horizontal. Las vértebras de la espina dorsal eran lo suficientemente robustas como para aguantar esta impresionante estructura corporal del *Diplodocus*, incluido su **largo cuello** que funcionaba casi como una **grúa**.

El látigo de la cola

La **cola** constaba de unas 80 vértebras, era **larga**, de extremo muy fino, y se podía mover con la agilidad y la contundencia de un **látigo**. Constituía su principal **arma defensiva** y un **punto de equilibrio** cuando necesitaba elevarse sobre sus patas traseras para alcanzar algún brote o fruto que se encontrara demasiado alto. La cola presentaba en su parte central una especie de doble viga, a la que debe su nombre.

Oviraptor:
un dinosaurio omnívoro

Se le ha conocido como «el ladrón de huevos»; lleva la etiqueta hasta en su nombre, pero esta especie que vivió en Asia a finales del Cretácico, hace unos 75 millones de años, tenía una alimentación omnívora en la que puede que los huevos no fueran su alimento principal. ¿Qué sabemos realmente de él?

Un pico y una pequeña cresta

Poseía un **pico afilado, curvo, sin dientes**, y en su paladar había dos púas con las que podía romper alimentos duros. La **cabeza** tenía una protuberancia, una **especie de cresta** cuyo tamaño y aspecto es posible que variara de un individuo a otro.

Un error marcó su nombre

Los primeros **fósiles** de *Oviraptor* se hallaron **muy cerca de un nido de huevos** que en su momento se creyó que eran de *Protoceratops*. Esto, unido a las púas afiladas que había en su paladar, llevó a pensar que se alimentaba de huevos de otras especies de dinosaurios a las que atacaba. Estudios posteriores demostraron que estos huevos eran del propio *Oviraptor*, y que lo que realmente hacía era **cuidar de su nido**.

DINODATOS
OVIRAPTOR

Posible hábitat: Zonas semiáridas
Alimentación: Omnívoro
Vivió... hace entre 85 y 70 millones de años, en el Cretácico superior
Significado del nombre: Ladrón de huevos

Un cuerpo con plumas

No era un especie de grandes dimensiones. Medía unos 2 m de longitud y pesaba unos 25 kg. Algo singular de su anatomía era la unión de sus hombros a una clavícula curvada, lo que no se ha visto en otros dinosaurios. Caminaba sobre sus **patas traseras** que eran **largas y fuertes** y acababan en tres dedos. Su **aspecto** era similar al de un **ave**, con una caja torácica rígida, y su cuerpo estaba **parcialmente cubierto de plumas**, especialmente en cola y alas.

Empollaba sus huevos

Se **ha encontrado un fósil** de *Oviraptor* **sobre un nido** con los **brazos extendidos cubriendo los huevos**, lo cual demuestra que este dinosaurio los empollaba. Seguramente murió a causa del deslizamiento de arena de una duna y quedó en posición de vida atrapado en un momento único.

Compsognathus:
un tamaño reducido

No todos los dinosaurios tenían un gran tamaño. El Compsognathus, que vivió a finales del Jurásico hace 150 millones de años, fue uno de los más pequeños que existieron. Se han encontrado restos completos y muy bien conservados en Europa.

Tamaño de una gallina

Muy lejos de las dimensiones espectaculares de otros dinosaurios, su tamaño era más parecido al de una **gallina actual**. No superaba el metro de longitud, los 40 cm de altura ni los 3 kg de peso. Tenía una **posición bípeda** con largas patas traseras y una **cola alargada** que le ayudaba en el equilibrio. Las extremidades delanteras terminaban en tres dedos provistos de garras.

Mandíbula elegante

Tenía una **cabeza fina y alargada** con un **hocico puntiagudo**. La **mandíbula inferior** era **delgada** y los dientes pequeños y afilados, con forma aserrada solo en la parte posterior. Todos estos rasgos le hacían poseedor del título «mandíbula elegante», de donde le viene el nombre.

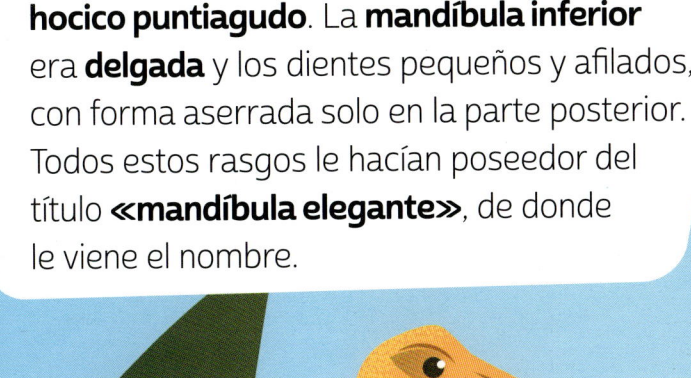

Veloz y de visión aguda

Sus **ojos** eran **muy grandes** en comparación al resto del cráneo. Poseía una buena visión que le ayudaba a localizar pequeñas presas. Los restos de un lagarto encontrados en su cuerpo pertenecen a una especie bastante veloz, por lo que se intuye que el *Compsognathus* era un **excelente cazador,** con una capacidad de **aceleración impresionante** que le permitía alcanzar a su presa y engullirla entera.

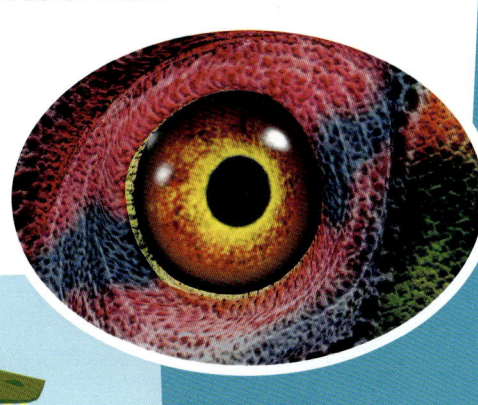

Alimento sin digerir

Es de los pocos dinosaurios de los que se conoce su dieta con exactitud, pues se han encontrado **restos de lagartos pequeños** en el **interior** de su cavidad torácica. Se ha sabido así que se alimentaba de pequeños y ágiles vertebrados que capturaba gracias a su aguda vista y a la rapidez de movimientos.

DINODATOS

COMPSOGNATHUS

Posible hábitat: Bosques
Alimentación: Carnívoro
Vivió... vivió en el Cretácico superior, hace 150 millones de años
Significado del nombre: Mandíbula elegante

Triceratops: unos cuernos impresionantes

Tenía una silueta robusta y una cabeza grande sobre la que destacaban unos gigantescos cuernos. Vivió a finales del Cretácico, hace unos 68 millones de años, en lo que hoy es Norteamérica. Fue un gran herbívoro cuya imagen reconocemos con facilidad, uno de los últimos géneros que aparecieron antes de la extinción definitiva de los dinosaurios.

Un pico de loro

El extremo de la boca del *Triceratops* recuerda al **pico de un loro**. Con él cortaba los **brotes de hojas** para luego triturarlos con las hileras de dientes de la parte posterior de su mandíbula. Estas piezas se renovaban una vez que se iban desgastando. Se han encontrado muchos fósiles de sus dientes, por lo que se piensa que fue un **herbívoro dominante** en el tiempo en el que vivió.

Una placa ósea inconfundible

Medían unos 9 m de largo y unos 3 m de altura y podían pesar entre 6 y 9 toneladas. Caminaban sobre cuatro fornidas patas terminadas en dedos que formaban una especie de casco. Tenían un **movimiento** similar al **rinoceronte moderno**. Lo más llamativo de toda su fisonomía era el **tamaño de su cabeza**, que podía llegar a medir hasta los 2 m de largo. De la parte trasera del cráneo salía una **gola ósea** sobre la que se extendía una capa de piel regada por numerosos vasos sanguíneos. ¡Una cabeza portentosa!

DINODATOS
TRICERATOPS

Posible hábitat: Bosques templados
Alimentación: Herbívoro
Vivió... hace entre 68 y 66 millones de años, en el Cretácico superior
Significado del nombre: Cara con tres cuernos

Una cabeza con tres cuernos

De su llamativa cabeza sobresalían **tres cuernos**. Dos de ellos, de casi un metro, se situaban sobre sus ojos, y otro más corto y grueso lo hacía sobre la cavidad nasal. Las crías tenían los cuernos de unos 12 cm y rectos. Estos iban creciendo y curvándose según llegaban a la edad adulta. No se sabe con certeza cuál era la función de estos cuernos; se habla de ellos como un **mecanismo de defensa**, como símbolo de **reconocimiento** y **estatus** por otros miembros del grupo o como medio de **cortejo**. Aunque no sepamos exactamente cuál fue su uso, lo que no se puede negar es que ¡eran impresionantes!

Velociraptor: una cuestión de velocidad

Al contrario de lo que se pensaba de muchos de los dinosaurios, no se trataba de una especie grande, ni lenta, ni torpe. Este carnívoro bípedo que vivió en el Cretácico, hace unos 73 millones de años en lo que hoy es Asia, poseía unas patas traseras de gran longitud que le permitían moverse a gran velocidad. En la ficción siempre se le representa como un personaje cruel y astuto.

DINODATOS

VELOCIRAPTOR

Posible hábitat: Zonas semiáridas
Alimentación: Carnívoro
Vivió... hace entre 75 y 71 millones de años, en el Cretácico superior

Significado del nombre: Ladrón veloz

Muchos fósiles

Este dinosaurio es uno de los **más conocidos** por la ciencia, ya que se han encontrado más de **12 esqueletos** fósiles **bastante completos.** En 1971 se encontró un famoso fósil que mostraba un *Velociraptor* en pleno combate contra un *Protoceratops*.

Pequeño e inteligente depredador

Su **tamaño** era relativamente **pequeño**, de una longitud inferior a los 2 m, medio metro de alto y con un peso de apenas 15 kg, más o menos como un pavo actual. El **cráneo** presentaba una **forma alargada** y un hocico chato dirigido hacia arriba. Tenía unos 28 dientes en cada lado de la mandíbula con la parte posterior aserrada, lo que posiblemente le ayudaba a capturar y retener a **presas veloces**. Era pequeño, pero con ingenio, pues muchos científicos le consideran **uno de los dinosaurios más inteligentes**.

A toda velocidad

Tenía gran parte del **cuerpo cubierto de plumas**, en especial en las extremidades anteriores, en el cuello y en la cola. Posiblemente le ayudaban a **conservar la temperatura** de su cuerpo y mantener calientes los huevos que las hembras empollaban. Poseía unas **fuertes y largas patas traseras** y una **enorme cola** con la que lograba equilibrar el peso de su cuerpo al moverse a **gran velocidad,** pues podía alcanzar los 40 km/h. ¡Un auténtico velocista!

Una garra poderosa

Sus extremidades terminaban en unas **garras grandes**. El segundo dedo de la pata estaba muy modificado y se presentaba retraído, sin entrar en contacto con el suelo. Terminaba en una **poderosa garra** de unos 10 cm de largo con forma de hoz y con la que posiblemente podía matar a sus presas. Una auténtica arma a la que debe su fama de **cruel depredador**.

Brachiosaurus:
un larguísimo cuello

Vivió en el Jurásico en lo que actualmente es América del Norte hace unos 154 millones de años. Un gigantesco herbívoro del tamaño de un edificio de cinco pisos con más de 26 m de longitud y que podía llegar a ingerir entre 200 y 400 kg de comida diaria para mantener sus casi 50 toneladas de peso. ¡Todo en él son cifras espectaculares!

Cosas de la fama

No se puede negar la **fama** de este gigantesco dinosaurio. Su **esqueleto** está presente en **museos** e incluso en la terminal internacional del aeropuerto de Chicago, un **asteroide** del sistema solar lleva su nombre y varias **películas** han contado con este personaje en su reparto. ¡Es lo que tiene ser famoso!

Gran apetito

Poseía **robustas mandíbulas** y **dientes** en forma de **espátula** que le permitieron masticar las hojas. Se alimentaba de la vegetación de la copa de los árboles, pudiendo llegar a más de 12 m de altura. Cada día ingería **grandes cantidades de alimento** para mantener su impresionante envergadura.

La huella del Brachiosaurus mide 1 m de largo.

Un cuello de gran longitud

Caminaba con el **cuello casi erguido**, no completamente vertical pues dada su longitud podría dificultar la llegada de sangre al cerebro, a pesar de poseer un corazón de casi 200 kg de peso que bombeaba 1 200 litros de sangre. Gracias al tamaño del cuello podía conseguir alimento de una gran superficie sin prácticamente moverse. El **cráneo** era **muy pequeño** y la columna describía una pendiente descendiente desde la cabeza a la cola, que no era muy larga.

DINODATOS

BRACHIOSAURUS

Posible hábitat: Espacios abiertos
Alimentación: Herbívoro
Vivió... hace entre 154 y 153 millones de años, en el Jurásico superior
Significado del nombre: Lagarto con brazos

Patas delanteras más largas

Caminaba sobre sus **cuatro robustas patas**, anchas y fuertes como **columnas**, y era el único saurópodo que tenía las extremidades delanteras más largas que las traseras, característica singular de este género al que hace referencia su nombre. Las huellas han demostrado que al desplazarse en grupo las **crías** ocupaban el **centro de la manada**, refugiadas entre los altos muros de los adultos.

Stegosaurus:
unas magníficas placas

Las placas sobre la espalda y las espinas de su cola han hecho famoso a este herbívoro que habitó en lo que hoy es Norteamérica y Europa. De apariencia fiera, aunque bastante pacífico, su silueta es una de las más reconocibles entre los dinosaurios.

DINODATOS

STEGOSAURUS

Posible hábitat: Zonas semiáridas
Alimentación: Herbívoro
Vivió... hace entre 155 y 150 millones de años, en el Jurásico superior
Significado del nombre: Lagarto con tejado

Una cola poderosa

No era fácil mover con rapidez este cuerpo tan robusto, por lo que podría ser presa fácil de los depredadores más voraces. Para compensar esta debilidad, la **cola** era **grande y musculosa**. Estaba rematada por **cuatro púas** lisas de casi un metro de longitud que le servían para defenderse de sus enemigos. **¡Un arma muy poderosa!**

Un perfil característico

Una **cabeza diminuta** en comparación con un **cuerpo** y una **cola muy robustos**. **Dos hileras de placas** cubriendo su dorsal y una **cola rematada en púas**. ¡Imposible no reconocerlo! Podía crecer hasta los 9 m de longitud, 4 m de altura y pesar unas 4 toneladas. Sus patas delanteras eran más cortas que las traseras, por lo que su cabeza estaba más cerca del suelo. Sus mandíbulas eran más bien frágiles y solo le permitían masticar hierbas y hojas. El tamaño de su cabeza no superaba los 40 cm y su **cerebro** no pesaba más de 60 gr. ¡El **más pequeño** en relación al tamaño **de todos los dinosaurios**!

Unas placas impresionantes

Todo el lomo y la cola estaban cubiertos por unas grandes **placas óseas** con **forma de rombo**. Se encontraban fuertemente sujetas a la espina dorsal y hay quien defiende que podían **regular la cantidad de calor** que recibía su cuerpo. Es posible que **cambiaran de color** ya que estaban fuertemente irrigadas por vasos sanguíneos. Seguramente no tenían carácter defensivo, puede incluso que fueran utilizadas para el **cortejo**, pero no hay duda de que daban un **aspecto fiero** a su figura.

Protoceratops:
una gran cabeza

Su tamaño era relativamente pequeño pero su cabeza robusta, la placa ósea que envolvía su cuello y el pico afilado le daban un aspecto inquietante. Fue un herbívoro abundante en Asia, en lo que hoy es Mongolia, donde vivió a finales del Cretácico, hace unos 75 millones de años.

CRÁNEO FÓSIL DE UN PROTOCERATOPS

Una cabeza llamativa

Lo más destacado de este pequeño dinosaurio era su **enorme cabeza**, rodeada de una **placa ósea** en la parte posterior y con un hocico que terminaba en un **pico** frontal **muy fuerte**. Las **mandíbulas** eran **poderosas** y estaban repletas de dientes adecuados para masticar vegetación dura. Las órbitas de los **ojos** eran **grandes** y de las **mejillas** sobresalían unos **huesos** de tamaño considerable. ¡Una cabeza realmente singular!

Muerto en combate

En 1971 se encontró un fósil de *Protoceratops* entrelazado en combate con un *Velociraptor*. Se cree que los dos murieron mientras **peleaban** cuando les sorprendió una tormenta de arena o que fueron sepultados por una duna que se desplomó sobre ellos.

No más grande que una oveja

Tenía una **aspecto recio** aunque sus **dimensiones no eran muy grandes**, pues no medía más de 2 m de longitud y su altura no superaba los 60 cm. ¡Casi como una oveja! Seguramente había una ligera **diferencia de tamaños** entre machos y hembras. Se encontraron restos fósiles de varios ejemplares juntos, lo que hace pensar que vivieron en **manadas**.

¿Nidos de Protoceratops?

En **1922**, durante una expedición científica en **Mongolia** se encontraron restos de varios ejemplares de este animal. También se desenterraron unos nidos junto con los primeros huevos de dinosaurio. Se identificaron erróneamente como de *Protoceratops* por su cercanía al lugar, aunque luego se supo que eran de *Oviraptor*. En cualquier caso, este descubrimiento demostró que **los dinosaurios eran ovíparos**, pues hasta ese momento había muchas dudas acerca de cómo se reproducían. En 2011 se descubrió el primer nido real de *Protoceratops* con 15 ejemplares jóvenes, lo que sugiere que solían cuidar de sus crías en los nidos durante sus primeras etapas.

DINODATOS

PROTOCERATOPS

Posible hábitat: Zonas semiáridas
Alimentación: Herbívoro
Vivió... hace entre 75 a 72 millones de años, en el Cretácico superior
Significado del nombre: Primera cara con cuernos

Allosaurus:
entre los más feroces

Fue uno de los predadores más feroces y temidos en el Jurásico. Vivió hace unos 150 millones de años en lo que hoy es Norteamérica y Europa. Se han encontrado numerosos ejemplares fósiles en el mismo lugar, lo que indica que fue un carnívoro que llevaba una cierta vida grupal.

Cabeza con cresta y dientes como sierras

Poseía un **cráneo fuerte**, de casi un metro de largo, con unas **protuberancias óseas** sobre los ojos que posiblemente cambiaban de color. Podía abrir mucho su mandíbula, pero la potencia de su mordisco no era muy grande, lo que compensaba con sus más de **70 dientes** de 15 cm dispuestos en varias series, afilados como sierras y curvados hacia atrás, lo que los convertía en **letales**. En caso de caerse volvían a crecer. ¡Nunca se quedaba sin dientes!

Sabías que...

Al contrario que los tiranosaurios, los alosaurios **no ejercían de padres atentos,** y abandonaban a sus crías con un año de edad y una talla y peso muy escasos para sobrevivir.

Poderosas garras

Las **patas delanteras** terminaban en tres dedos con garras. Estas extremidades eran **bastante pequeñas**, aunque con el tamaño suficiente como para poder agarrar sus presas. Las **gruesas patas traseras** sobre las que se apoyaba tenían tres poderosas garras afiladas, como las de las aves, con las que desgarraba la piel y la carne de sus víctimas. Un cuarto dedo tenía una posición invertida y una garra más pequeña.

Cazador ágil

Era el **predador más grande de la época** con sus casi 9 m de longitud y unas 2 toneladas de peso. A pesar de este gran tamaño era **bastante ágil** y se ayudaba de su **poderosa cola** de unas 50 vértebras con la que lograba equilibrar su cuerpo y desplazarse a grandes zancadas a unos 8 km/h. La distancia de cada paso podía ser similar a la longitud de un coche. Cuando se disponía a cazar podía correr hasta casi los 35 km/h y en ocasiones utilizaba su cola para golpear a sus enemigos. **En solitario** solía enfrentarse a otras especies de su tamaño, pero posiblemente actuara **en grupo** para luchar contra adversarios más grandes.

DINODATOS

ALLOSAURUS

Posible hábitat: Bosques y zonas semiáridas
Alimentación: Carnívoro
Vivió... hace entre 161,2 y 145 millones de años, en el Jurásico superior

Significado del nombre: Lagarto extraño

Brontosaurus:
uno de los más famosos

Un corazón grande

Algunos científicos consideran que, para mantener la presión sanguínea suficiente para oxigenar su cerebro, el **corazón** debía ser **muy grande y potente**. ¿Imaginas lo que debía costar impulsar la sangre por ese inmenso cuerpo?

DINODATOS

BRONTOSAURUS

Posible hábitat: Praderas de helechos y espacios abiertos
Alimentación: Herbívoro
Vivió... hace entre 154 y 150 millones de años, en el Jurásico superior
Significado del nombre: Reptil atronador

Un dinosaurio de altura

Sus **dimensiones** eran de las más **grandes**. Podía alcanzar casi los 25 m de longitud, 4 m de altura y pesar entre 15 y 20 toneladas. Las vértebras del cuello poseían un par de espinas a los lados, lo que daba como resultado un **cuello ancho y grueso** que, gracias a un sistema de sacos aéreos, le aportaban algo de ligereza. Las patas delanteras eran ligeramente más cortas que las traseras y su **cola**, bastante **delgada**, tenía unas 82 vértebras. ¡Unas dimensiones impresionantes!

Fue uno de los grandes dinosaurios herbívoros del finales del Jurásico y uno de los primeros en formar parte del imaginario colectivo al hablar de dinosaurios. Vivió hace unos 154 millones de años en la actual Norteamérica. Su nombre hace referencia a que cuando caminaba, debido a su peso, la tierra vibraba como un trueno con cada uno de sus pasos.

Un dino diferente

Durante más de un siglo se consideró dentro del género *Apatosaurus*. En 2015 un estudio concluyó que era un **género diferente,** aunque esto no es aceptado por todos. ¡La **paleontología** es una **ciencia** muy **viva!**

Una cola sonora

La **cola** era larga, semejante a un **látigo** y con una compleja estructura que se iba estrechando hacia el final hasta hacerse muy fina. Se ha comprobado que al mover esa cola podía provocar **sonidos similares a latigazos** de unos 200 decibelios, ¡como el disparo de un cañón!

Iguanodon:
un magnífico pulgar

Este robusto herbívoro vivió a principios del Cretácico, hace unos 120 millones de años, en lo que hoy es Europa. Podía caminar tanto a cuatro como a dos patas. Ingería hasta 300 kg de comida al día para mantener su alto metabolismo, y se alimentaba especialmente de equisetos, helechos y coníferas. Uno de sus rasgos más característicos era el pulgar, provisto de un espolón muy afilado que le servía para defenderse.

PULGAR DE IGUANODON

Pulgares armados

El cuerpo del *Iguanodon* pudo llegar a medir los 10 m de longitud y pesar en torno a las 3 toneladas. Sus patas delanteras eran muy particulares. Terminaban en cuatro dedos y el pulgar tenía una **garra muy afilada** de unos 12 cm de largo. Este quinto dedo era muy flexible y lo utilizaba para **defenderse** de sus enemigos, a los que podía clavar esta púa y causar heridas muy graves. ¡Un **pulgar** auténticamente **mortífero**!

Dentadura de iguana

Todo comenzó por un **diente fosilizado** que se encontró en 1822 en Inglaterra. Parecía de una iguana, pero con un tamaño veinte veces mayor. En reconocimiento a esta semejanza se puso al género el nombre de *Iguanodon*, **«dientes de iguana»**. El mayor descubrimiento de ejemplares se produjo en 1878 en una mina de carbón en Bernissart, Bélgica. Se recuperaron casi 39 individuos. Reconstrucciones posteriores han determinado que su **cabeza** era **grande** como la de un caballo y la boca terminaba en un **pico óseo** con el que mordía las hojas. No había dientes en la parte delantera, pero unas cien muelas ocupaban la parte trasera de su mandíbula.

El segundo dinosaurio reconocido

Fue el **segundo dinosaurio**, después del *Megalosaurus*, que se **describió** formalmente en 1825. Lo hizo Gideon Mantell, y pasó a ser uno de los tres géneros que sirvieron para definir los dinosaurios. El ser uno de los primeros dinosaurios en ocupar un espacio en la ciencia le ha otorgado un **reconocimiento público** notable.

DINODATOS

IGUANODON

Posible hábitat: Bosques
Alimentación: Herbívoro
Vivió... hace entre 126,6 y 125 millones de años, en el Cretácico inferior
Significado del nombre: Diente de iguana

Corythosaurus:
una cresta llamativa

El descubrimiento de un ejemplar con restos de su última comida dentro de la cavidad torácica, en la que había1 agujas de coníferas, semillas, ramas y frutos, no dejó duda acerca de la alimentación principal de este herbívoro que vivió en la actual Norteamérica. Pero si hay algo que realmente lo representa es su llamativa cresta.

CRÁNEO FÓSIL DE CORYTHOSAURUS

Un lagarto con casco

Se han encontrado muchos especímenes completos de *Corythosaurus* y se ha podido estudiar bien su morfología. Medía unos 9 m de largo y tenía un peso cercano a las 3 toneladas. Su cráneo era de unos 78 cm, de los cuales unos 30 los ocupaba una **cresta semicircular** resultado de la prolongación de varios huesos de la nariz. Tenía una **forma parecida** a los **cascos** que usaban los antiguos guerreros **corintios** de Grecia, de donde adopta su nombre.

Piel con escamas

Gracias a la buena conservación de algunos ejemplares fósiles se ha podido saber cómo era la **piel** de estos animales. Estaba cubierta por **diferentes tipos** de **escamas**, más pequeñas y con forma cónica en abdomen y patas en comparación con otras partes del cuerpo, donde las formas eran más parecidas a escudos.

DINODATOS
CORYTHOSAURUS

Posible hábitat: Bosques frondosos
Alimentación: Herbívoro, sobre todo comía frutos y plantas blandas
Vivió... en el Cretácico Tardío
Significado del nombre: Lagarto con casco corintio

Pico de pato

La cabeza terminaba en una especie de **pico sin dientes** con el que podía arrancar la vegetación que luego trituraba con **cientos de pequeños dientes** que se distribuían a lo largo de su mandíbula y que volvían a crecer si perdía alguno.

Función de la cresta

Parece que la función principal de su cresta era la **emisión de sonidos**, cuyas ondas viajarían a través de las diferentes cámaras que la componían. Cuando el *Corythosaurus* expulsaba el aire, este sonido se amplificaba y era posible oírlo a varios kilómetros de distancia. Como vivía en manadas, quizá utilizara esta habilidad para **comunicarse** y avisar al resto de individuos de posibles peligros. Las **crías nacían sin cresta** y, cuando su cuerpo alcanzaba la mitad del tamaño de un adulto, empezaban a desarrollarla.

Archaeopteryx:
la evolución hacia las aves

Con rasgos de reptil y de ave, con características intermedias entre los dinosaurios con plumas y las aves modernas, así es este fascinante género que vivió en lo que hoy es Alemania. Europa era entonces un archipiélago de islas en un mar tropical cálido, y allí habitó esta especie que, con el paso de los años, se ha convertido en una pieza clave para explicar el origen de las aves.

Sabías que...

Los individuos más grandes posiblemente alcanzasen el tamaño de un **cuervo**, con amplias **alas redondeadas** en los extremos y una **larga cola** en comparación con la longitud del cuerpo.

Garras y dientes afilados

Aunque tenía algunos rasgos propios de aves, la mayoría de sus características eran las comunes en los dinosaurios terópodos. Poseía **dientes afilados** en sus mandíbulas, **garras** en los dedos y una larga **cola ósea**. La longitud de sus extremidades y el alargamiento de sus patas indican un **modo de vida** tanto **arborícola** como **terrestre**.

Primer fósil con plumas

En 1860, en Alemania, en unas rocas de la época jurásica, el paleontólogo Von Meyer encontró una **pluma fósil** a la que le puso el nombre de *Archaeopteryx*. Poco tiempo después, en la misma cantera, apareció un fósil de un **esqueleto con impresiones de plumas**, al que se le relacionó con la pluma encontrada anteriormente. Más tarde, en 1877, se descubrió otro ejemplar en el que los huesos estaban articulados y mostraba las alas abiertas con sus plumas. Este hallazgo marcó un hito, pues demostraba que **las aves habían evolucionado a partir de los dinosaurios**.

DINODATOS

ARCHAEOPTERYX

Posible hábitat: Zonas semiáridas
Alimentación: Carnívoro
Vivió... hace 150 millones de años, en el Jurásico superior
Significado del nombre: Ala antigua

«Ala antigua»

Tenía un **aspecto similar a un ave** y podía volar. Era un **dinosaurio carnívoro** que se alimentaba de **pequeñas presas**. Su tamaño, con unos 50 cm de longitud y un peso inferior a un kilo, era parecido al de los **cuervos actuales**. Sus plumas de vuelo estaban bien desarrolladas, lo que fue uno de los grandes descubrimientos en este género, cuyo su nombre significa «ala antigua».

Ankylosaurus:
una de las últimas armaduras

Vivió en la actual América del Norte, aunque también se han encontrado fósiles de animales parecidos en Asia. Es sin duda el dinosaurio acorazado más destacado y representativo. Compartió espacio con otros géneros, como Tyrannosaurus y Triceratops.

¡Vaya coletazo!

Su cola era una de las más peligrosas. Terminaba en un **gran mazo** con el que podía golpear a cualquier enemigo que se enfrentase a él y romperle incluso los huesos. Estaba compuesta de **dos** grandes placas o **bolas laterales**, dos de menor tamaño en la punta y una serie de placas pequeñas en la línea media. Una cola verdaderamente armada, ¡llegaba a pesar más de 100 kg!

Su punto débil

Las **placas óseas** cubrían todo su **cuerpo… salvo su vientre.** Para evitar volcar y que le mordieran aquí, su zona más débil, **doblaba las extremidades** cuando lo atacaban, de manera que **se quedaba pegado al suelo.**

La armadura de un guerrero

El **cuerpo** era **macizo y achaparrado** de casi 7 m de longitud y 1,7 m de altura. La cabeza, grande y ancha, tenía en su parte posterior **dos cuernos** apuntando hacia atrás y **otros dos** dirigidos hacia abajo. Las **robustas patas** sostenían su peso, cercano a las 6 toneladas. Lo más característico de él era la **gruesa coraza ósea** formada por **placas incrustadas** en su piel que iba desde la cabeza a la cola como una **auténtica armadura**.

CRÁNEO FÓSIL DE ANKYLOSAURUS

DINODATOS

ANKYLOSAURUS

Posible hábitat: Bosques templados
Alimentación: Herbívoro
Vivió... hace 68,5 y 66 millones de años, en el Cretácico superior
Significado del nombre: Lagarto acorazado

Uno de los últimos dinosaurios

Era un **herbívoro de hocico ancho** adaptado al **pastoreo**. Se cree que habitó en mesetas un poco alejadas de la costa. Fue uno de los dinosaurios que **sobrevivió hasta** la **extinción masiva** del final del **Cretácico**. Vivió el final de una época, ¡la de historias que podría contarnos!

Cómo atacaban los dinosaurios

Garras como puñales

La forma de las garras dice mucho de cómo era la forma de vida del sujeto. Los ejemplares que cazaban y mataban a otros animales tenían **garras estrechas, afiladas y curvas** que usaban como **puñales** para atrapar a su presa y evitar que escapara. Podían incluso matar con ellas. Una de las garras más terroríficas es la del *Deinonychus*, que tenía una en forma de hoz en su segundo dedo de las patas traseras. ¡Mejor no encontrarse cerca de él!

A la carrera

Entre los **cazadores** algunos recurrían al poder de su **velocidad** para atrapar a sus presas, como fue el caso del *Ornithomimus*. Podía llegar a alcanzar los 60 km/h, lo que también le ayudaba a huir de grandes cazadores. Entre los **herbívoros** había algunos que no estaban dotados de grandes armas para luchar con sus enemigos, así que tenían que conseguir **mimetizarse** con el medio para que no los descubrieran o confiar en su **velocidad** para poder huir. Patas traseras largas y colas delgadas que ayudaban a guardar el equilibrio eran sus señas de identidad.

COLA CON MAZO

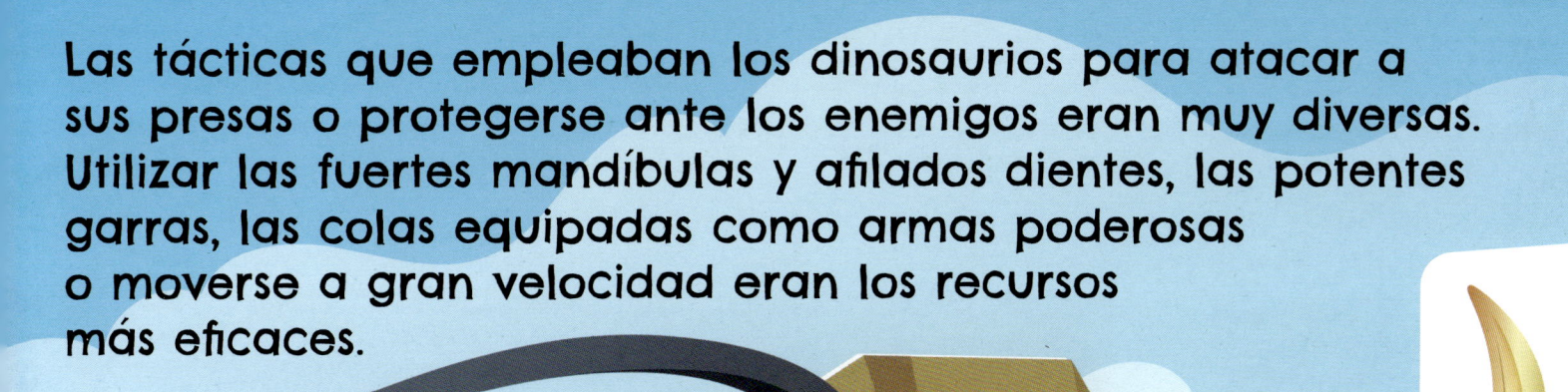

Las tácticas que empleaban los dinosaurios para atacar a sus presas o protegerse ante los enemigos eran muy diversas. Utilizar las fuertes mandíbulas y afilados dientes, las potentes garras, las colas equipadas como armas poderosas o moverse a gran velocidad eran los recursos más eficaces.

TIPOS DE DIENTES

COLA FUSTIGANTE

Colas poderosas

Algunos herbívoros no poseían grandes mandíbulas, pero sus colas podían compensar esta carencia. La **cola en forma de látigo** del *Diplodocus*, los **clavos puntiagudos** con los que remataba la suya el *Stegosaurus* o las **bolas tipo mazo** de la cola del acorazado *Ankylosaurus* dejaron mal parado a algún que otro carnívoro.

COLA CON PÚAS

Dientes como cuchillos

Los dientes de los dinosaurios tenían formas muy variadas dependiendo de cuál era su alimentación. Los **grandes carnívoros** contaban con la fuerza de sus **poderosas mandíbulas** y de unos **dientes curvos y aserrados** que cortaban la carne tras sus **mordiscos letales.** Las dentelladas del *Tyrannosaurus* o del *Allosaurus* eran especialmente temidas por sus enemigos.

57

Fósiles de dinosaurios

Las pruebas de la existencia de los dinosaurios las han aportado los fósiles. Gracias a estos restos de animales y plantas que con el paso de los años lograron mineralizarse estamos obteniendo una información muy valiosa acerca de cómo era la Tierra cuando todavía no vivíamos en ella y qué animales y plantas existieron hace muchos, muchos años.

¿Qué es un fósil?

El resto de un ser vivo que queda enterrado en condiciones especiales puede sufrir un **proceso de fosilización** por el cual sus partes duras llegan a nosotros formando parte de las rocas y mostrando su forma original. También es posible que deje una huella de su actividad sobre la piedra o, si no era muy grande, pudo quedar atrapado en **ámbar**, la resina de un árbol, y conservar para la posteridad toda su anatomía.

¿Cómo se forma un fósil?

1 Al morir un dinosaurio, hace millones de años, su cuerpo se fue descomponiendo y posiblemente sirvió de alimento para otros carnívoros.

2 Con el tiempo solo quedaron el esqueleto o los huesos sueltos, que poco a poco fueron cubiertos por la arena. Esto impidió que los huesos se desintegraran por la acción de la naturaleza.

Huellas fósiles

En ocasiones no son los restos físicos del animal los que se conservan, sino la muestra de alguna de sus actividades, como es el caso de las **huellas** que han quedado marcadas sobre la roca. Son como **calcos** de sus **pisadas** y aportan información valiosísima de cómo eran sus extremidades, cuál era su peso y en qué parte del cuerpo lo apoyaban mayoritariamente, cómo eran sus zancadas, velocidad, si se movían en grupos… ¡un montón de pistas para los investigadores!

3 Después de miles de años, el esqueleto quedó enterrado bajo capas de tierra, que endurecieron los huesos y los convirtieron en roca.

4 Las rocas que contienen los fósiles se erosionan por la acción del viento, el sol y la lluvia, quedando algunos huesos al descubierto. Estos huesos son analizado por los paleontólogos.

59

Cuánto tiempo vivieron: el secreto de su éxito

Vivieron en la Tierra y la dominaron durante unos 160 millones de años. En este tiempo el planeta cambió, su clima y su flora sufrieron profundas modificaciones, y los dinosaurios se mantuvieron con vida ante circunstancias tan variadas. ¿Qué hizo que sobrevivieran tanto tiempo y evolucionaran?

Variedad de especies y tamaños

Entre los dinosaurios había **especies de todo tipo** y **tamaños**, desde ejemplares gigantescos a individuos de pequeña envergadura. Lograron adaptarse al medio terrestre y a todo tipo de ecosistemas, desde los más húmedos a los más secos. Su propia **anatomía** y diferentes mecanismos de **defensa** hicieron de ellos auténticos **supervivientes**. Las escamas les proporcionaron una piel impermeable y su cuerpo cubierto con placas óseas, y en algunos casos con plumas, les permitieron soportar y adaptarse a los cambios de temperatura.

Estructura ósea

Los **huesos** que formaban su **esqueleto** eran una **obra de ingeniería**. **Patas robustas** que les permitieron moverse por tierra más rápido que otros animales de su tiempo y les facilitó la caza o la huida. **Colas** con vértebras grandes pero no pesadas que les ayudaron a guardar el equilibrio de sus cuerpos, mantener una posición bípeda a muchos de ellos e incluso defenderse, y **cuellos largos y flexibles** en algunas especies herbívoras con los que tuvieron acceso a brotes vegetales al alcance de muy pocos.

Todo tipo de alimentación

Unos eran **herbívoros** y otros **carnívoros**, por lo que formaron entre ellos una **cadena alimentaria** que les permitió **sobrevivir y evolucionar** hacia formas cada vez más adaptadas a las diferentes condiciones a las que tuvieron que enfrentarse.

Huevos de cáscara dura

Sin duda una de las grandes ventajas evolutivas la consiguieron con la puesta de **huevos de cáscara dura**, que permitió el desarrollo de las crías en un ambiente con la humedad adecuada y que las protegió de ser fácilmente devoradas antes de nacer.

La extinción
de los dinosaurios

¿Qué ocurrió para que estas criaturas dejaran de existir? Los científicos no lo saben con seguridad, pero lo cierto es que desaparecieron de la faz de la Tierra hace **66 millones de años**...

¿Fueron los volcanes?

Algunos investigadores dicen que los **volcanes** empezaron a expulsar grandes cantidades de **lava y polvo**, provocando una nube tan densa que no dejaba pasar la luz del Sol. Debido a la **oscuridad**, las plantas no podían crecer, los dinosaurios herbívoros se quedaron sin comida y, poco después, los carnívoros murieron de hambre.